Jessica Chuan

A morte da supermodelo

Jessica Chuan

A morte da supermodelo

ScienciaScripts

Cover image: www.ingimage.com

This book is a translation from the original published under ISBN 978-3-659-86796-5.

Publisher:
Sciencia Scripts
is a trademark of
Dodo Books Indian Ocean Ltd. and OmniScriptum S.R.L publishing group

120 High Road, East Finchley, London, N2 9ED, United Kingdom
Str. Armeneasca 28/1, office 1, Chisinau MD-2012, Republic of Moldova, Europe
Managing Directors: Ieva Konstantinova, Victoria Ursu
info@omniscriptum.com

Printed at: see last page
ISBN: 978-620-8-40011-8

JESSICA CHUAN YI XIN
js.chuanyx@gmail.com

A MORTE DA SUPERMODELO

PROFESSOR: EMMA DICK
17 DE MARÇO DE 2008 NÍVEL 3
DESIGN DE MODA LASALLE
COLLEGE OF THE ARTS

RESUMO

Neste ensaio, há quatro áreas principais de preocupação. São elas: por que razão precisamos de supermodelos; quem cria as supermodelos; e se deixarmos de ter supermodelos; e como é que o futuro ciborgue (modelo cibernético) contribui para o crescimento do futuro negócio da moda. Estas quatro perguntas são a melhor ferramenta para integrar as questões e refletir a estrutura do ensaio, que é constituída pelos quatro capítulos: O estatuto e o poder das supermodelos; O ideal de beleza; A nova forma de espetáculo de moda; e Economia do mercado da moda. Utilizando as fontes de dados, os métodos de recolha e interpretação de dados e a forma como a informação foi reunida para concluir que a morte das supermodelos não é um sonho no futuro.

ÍNDICE DE CONTEÚDOS

INTRODUÇÃO

À medida que a tecnologia informática nos conduz ao futuro, a imprensa de moda promove uma nova agenda, a tecnologia CGI, a animação 3D e o holograma tornam-se a próxima musa da moda atual. Este ensaio sugere que, em 2018, a tecnologia provocará uma revolução no mundo da moda e estimulará os estilistas a apresentarem-se *na vanguarda*, o que levará à morte do supermodelo. O supermodelo tornar-se-á obsoleto. Os estilistas estão a procurar diferentes formas de introduzir o ciborgue nos meios de comunicação social. As ideias utópicas da moda despertarão profundamente o mundo inteiro. Deixará de haver supermodelos, passarelas e capital da moda. A moda vai globalizar-se. A morte da supermodelo levará a cena da moda a uma nova direção.

Quando a supermodelo internacional Linda Evangelista terá dito: "Não nos levantaríamos da cama por menos de 10 000 dólares por dia", o estilista Karl Lagerfeld declarou à *revista Time* que as supermodelos são mais glamorosas do que as estrelas de cinema. (Quick 1997: pg149) Atualmente, os criadores de moda de topo de gama lutam para conseguir uma grande notoriedade no competitivo mercado global. Os criadores estão agora a experimentar e a encontrar caminhos alternativos aos métodos tradicionais de apresentação de moda. O desfile de moda é a primeira apresentação da última criação de vestuário. Para além do vestuário, uma apresentação boa e criativa (desfile de moda) causará uma boa impressão junto dos compradores e dos meios de comunicação social. Alguns exemplos mostram que os estilistas estão a tentar diferenciar as suas colecções ou a sua marca através de uma apresentação inovadora que envolve a ajuda da tecnologia. Por exemplo, o desfile de moda *de alta costura* de 1999 da Givenchy, em Paris, utilizou manequins robotizados em vez de modelos vivos para fazer uma nova afirmação. (Magazine, SO-EN julho 2000, pg55) Os estilistas começam a identificar uma nova "hiper-raça" de mulher numa nova forma de apresentação. Este ensaio está a tentar provar a inevitável obsolescência do supermodelo. O ideal de beleza na futura era digital é objeto de uma análise atenta. Os exemplos em discussão, para provar que a tecnologia levará à morte da supermodelo em 2018, incluem o robô humanoide "Posy" de Tatsuya Matsui; o robô SAM (Sweat Articulated Manikin) de pele de polímero "Frubber", patenteado por David Hanson, do Departamento de Fisiologia do Vestuário do EMPA (Instituto Federal Suíço de Testes e Investigação de Materiais) em St.Gallen; ao filme de ficção científica *Tron*, de Steven Lisberger, de 1982; ao "têxtil digital" de Jane Harris, à colaboração de Miuccia Prada e John Woo no domínio virtual, ao desfile de moda Ready-to-Wear de Alexander McQueen 2006 e ao "Liquid Space" da Diesel primavera/verão 2008. "(Koo 2006: pg9) Cada transferência envolve principalmente uma transformação entre o mundo virtual e o mundo real, que é um processo de ajustamento ao outro mundo particular (Buurman 2005: pg95). Ao longo da história, as pessoas têm sempre curiosidade em saber como será o nosso futuro. Alguns desenham um quadro muito sombrio da sociedade. Alguns têm um bom instinto para saber para onde a viagem está a ir. Alguns imaginam como é que ela se pode desenvolver. Alguns criaram as suas ideias do futuro deixando de lado as velhas formas e estratégias, pensando no novo e ultrapassando os limites da nossa mente. Os desenhos contemporâneos da era espacial no final da década de 1960 reflectem exatamente a nova era de conquistas tecnológicas. Do ponto de vista tecnológico, quase tudo é possível hoje em dia. O nascimento do novo "supermodelo" tecnológico tem o potencial de mudar o nosso mundo para uma nova direção. No segundo capítulo, discute-se o ideal de beleza entre o mundo real e o virtual ou na mente humana. Na parte intermédia do ensaio, apresenta-se um esboço da nova forma de desfile de moda no futuro. O quarto capítulo inclui uma discussão sobre a relação entre a tecnologia e a economia de mercado da moda e justapõe o preço do ser humano ao preço da tecnologia atual. Por fim, este ensaio conclui com um esboço de uma cena de utopias que sempre fascinou os radicais designers de moda.

CAPÍTULO 1

O PODER E O ESTATUTO DA SUPERMODELO

As bonecas da moda, também conhecidas como fantoches, manequins, pequenas senhoras ou bebés da moda, foram o primeiro modelo a usar as últimas tendências da moda de uma corte real para outra em 1391. (Everett 1993:pg5) Após vários séculos de revolução e desenvolvimento, as classes dominantes foram o grupo que estabeleceu os ícones de beleza e moda no início do século XX e imortalizados por artistas e escultores antes da evolução da moda. O modelo é um produto da Revolução Industrial no século 19th . (Quick 1997: pg9) Um dos primeiros estilistas da *Alta Costura,* Frederick Worth foi o primeiro estilista a utilizar modelos vivos para mostrar as suas peças de vestuário às clientes. Essas jovens senhoras eram conhecidas como debutantes. Frederick Worth proporcionou às jovens uma importante plataforma para os círculos sociais mais exclusivos.

Quando a fotografia de moda apareceu pela primeira vez em revistas francesas *como La Mode Pratique* e *Les Modes*, na primeira década do século

XX, o modelo foi lentamente respeitado pelo público em geral. De rapariga de espetáculo de baixa reputação ou prostituta a trampolim útil para o casamento ou para Hollywood, (Quick 1997: pg 64) o estatuto de modelo na sociedade subiu rapidamente devido à tecnologia. Mas atualmente, o estatuto de modelo também será arruinado pela tecnologia e causará a morte do supermodelo.

Em geral, as modelos não sabem nada sobre as regras e a história do negócio. O termo "supermodelo" tornou-se a escolha de carreira de sonho de todas as modelos no final dos anos setenta. Para ser "Super", é preciso ter o fator Extra. Para ser reconhecida, tem de aparecer em todas as capas de revistas do mundo inteiro ao mesmo tempo. Nos anos sessenta, a indústria de modelos estava sedenta de caras novas. 'Twiggy', a supermodelo dessa nova e excitante era, popularizou a estética do peito liso, dos membros desajeitados e dos olhos de bambi; a sua presença andrógina fez dela a primeira modelo de celebridade internacional. Elizabeth Wilson, professora convidada de Estudos Culturais na London College of Fashion, Universidade de Artes de Londres, e professora emérita na London Metropolitan University, falou sobre o glamour no artigo intitulado A Note on Glamour no livro Fashion Theory. (Wilson 2007, pg 95) Analisou o termo 'glamour' e viu-o numa perspetiva diferente. Ao longo da história, o conceito de 'glamour' está sempre ligado a Hollywood e não à indústria de modelos. No entanto, nos anos 80, Hollywood não tinha glamour, pelo que os meios de comunicação social voltaram a sua atenção para as modelos. Chegaram então as famosas cinco da época, as integrantes são Linda Evangelista, Cindy Crawford, Naomi Campbell, Christy Turlington e Tatjana Patitz. Linda Evangelista é considerada a primeira supermodelo que podia comandar contratos multimilionários, endossos e campanhas. A segunda geração das cinco famosas é encabeçada por Kate Moss, à qual se juntaram Claudia Schiffer, Eva Helena Skarvig, Yasmin LeBon e Stephanie Seymour. Toda a gente está a jogar. Todos correm riscos. Ninguém sabe se ela se tornará a próxima Kate Moss ou Naomi Campbell. A agência de modelos controla o modelo, negoceia os honorários com os clientes, encarrega-se de reservar os trabalhos para os castings e até trata dos seus assuntos pessoais. Controlam os destinos das modelos. Do mesmo modo, os estilistas, as revistas de moda e os meios de comunicação social também entram neste "jogo". Todas as casas de moda querem desenvolver um tipo de modelo para cada estação e tendência. Para satisfazer a fome constante de caras novas, as agências de modelos têm de procurar continuamente novos modelos. Quando a modelo atinge o ápice da pirâmide e se torna uma supermodelo, passa a ser incrivelmente brilhante e glamorosa no mundo da moda. A supermodelo tem poder comercial: tudo o que toca transforma-se em ouro. No entanto, quando a modelo tem um rosto bonito e o fator X, (Quick 1997: pg 148) o estilo de vida pessoal é também um dos principais factores que afectam a sua carreira. "A lealdade é inexistente. A traição está em todo o lado."[1] Em setembro de 2005, os contratos entre Kate Moss e a H&M, a Burberry e a Chanel não foram renovados devido a alegações nos meios de comunicação social internacionais de que ela tinha consumido drogas. Por outro lado, Calvin Klein reatou com Kate e disse à *revista Time Out New York* que "ninguém pode substituir Kate". (Terça-feira, 20 de abril de 1999) Kate Moss tornou-se um fenómeno. Esta forte relação profissional entre Kate e CK tinha ido para além do contrato de dois milhões de dólares. [st]No desfile de moda Alexander McQueen 2006, a espantosa imagem holográfica 3D de Kate Moss que

[1] Michael Gross, The Ugly Business of beautiful women-Model, (Inglaterra: Transworld Publishers Ltd, 1995), pág. 9.

flutuou durante o desfile já embelezou a imagem de Kate no século XXI. Este holograma de Kate Moss é um primeiro passo para introduzir o cyborg nos meios de comunicação social. Utilizar um rosto popular e reconhecido é um primeiro passo para entrar no mundo dos ciborgues. O modelo é empregue para exibir roupas ou mercadorias. Quando as modelos são tratadas como celebridades, já estão a desvalorizar a mercadoria apresentada. Por outro lado, o desfile de moda primavera/verão 2008 da Diesel "Liquid Space" criou e apresentou o ciborgue da sua própria casa, em vez de utilizar um rosto popular e reconhecido, na Feira Pitti Immagine, em Florença. O espetáculo multimédia combinou moda e tecnologia de animação 3D numa atmosfera ao vivo. Este é um dos dois tipos de formas de os estilistas começarem a promover a personagem CGI, a animação 3D e o holograma junto dos meios de comunicação social. Estão a testar a reação do público, da imprensa e dos meios de comunicação social. Será que chegou a altura de mudar? Dependerá da vontade das pessoas de as aceitarem.

Cada modelo tem a sua própria linha de tempo na sua carreira. O tempo de vida de uma modelo tem a mesma lógica que o tempo de vida de um atleta profissional. Cada rapariga tem os seus melhores "15 minutos" e desaparece ao pôr do sol. Nunca mais voltará a ter esse momento de pico. Cada atleta tem um tempo de vida curto devido à elevada intensidade com que treina. O livro de Aaron Smith e Hans Westerbeek, *The Sport Business Future,* esboçou o impacto de um atleta do futuro ciborgue, mutantes e clones no futuro negócio do desporto ou no ciberdesporto. Alertam para o rumo da indústria desportiva global e prevêem as possibilidades de a tecnologia mudar o negócio do desporto. (Smith 2004, pg xii) Se os atletas podem ser substituídos por ciborgues no futuro, os modelos de moda não terão dúvidas de que serão substituídos por ciborgues.

CAPÍTULO 2

O IDEAL DA BELEZA

O rosto humano é sempre assimétrico. Estas imperfeições conferiam ao rosto uma profundidade humana. (Kirwan 2004, pg 43) No entanto, o ideal de beleza pode ser explicado através da matemática. Leonardo da Vinci estava profundamente interessado na proporção e o ser humano no seu desenho sempre enfatizou a sua proporção. Desenvolveu a proporção áurea, pois a distância do pé ao umbigo tem de ser igual à distância do umbigo à cabeça. (Clayton 1996, pg41) Com a mesma lógica aplicada ao rosto bonito, a proporção do comprimento do nariz, a posição dos olhos, o espaço entre os olhos e a sobrancelha, a espessura dos lábios, o comprimento do queixo, a proporção das orelhas baseiam-se todos na Proporção Áurea. A origem dos pêlos está na frente da linha do topo da cabeça, ou seja, da ponta do nariz para baixo, até à junção dos lábios na frente da boca. Tanto o canal do olho como o topo da cabeça são iguais um ao outro em termos de distância.

(Clayton 1996, pg 41) Leonardo da Vinci foi preciso nas medições e desenvolveu a teoria das "oito cabeças", que corresponde de perto ao corpo humano. Por outro lado, a figura de Miguel Ângelo desenvolveu a teoria das "nove cabeças", que está intimamente ligada ao desenho de croquis de moda. (Riegelman 2000, pg 9) Esta teoria é também apoiada por um arquiteto renascentista chamado Fibonacci. Ele propôs uma proporção 5-3-1, que é um total de nove, considerada uma proporção ideal para edifícios e formas da natureza. (Riegelman 2000, pg 9) A figura da proporção idealizada no mundo da moda reflecte-se perfeitamente na figura da moda moderna. As mulheres começam a desejar ter um rosto e um corpo perfeitos como o do manequim. Historicamente, o desejo de um corpo ideal tem levado muitas mulheres a dietas radicais, exercícios dinâmicos, espartilhos brutais e cirurgia estética. As pessoas esperam ter um rosto e um corpo da proporção áurea. Ao passo que, acreditando no milagre da perfeição na moda, a figura ideal do século XXI pode ser criada através do aperfeiçoamento tecnológico e passar para o domínio virtual. Citando as palavras de Kaczynski no seu livro *Beauty Junkies,* "Um rosto bonito é uma imagem que é matematicamente quantificável. Toda a vida é biologia, toda a biologia é química, toda a química é matemática e toda a matemática pode ser aplicada à cirurgia estética."[2] Com base na lógica da citação de Kaczynski e aplicada à era futura, haverá uma mudança, uma vez que toda a matemática pode ser aplicada ao avanço da tecnologia.

Um dos artigos *I need it now* do Dr. Kirwan, no seu livro Cutting Edge, afirma que muitas mulheres ou mesmo homens recorrem à cirurgia plástica e descrevem ao cirurgião o aspeto que querem ter. (Kirwan 2004: pg191) A maioria das pessoas acha que o atalho para perder peso é submeter-se a uma cirurgia de bypass gástrico para ter uma figura esbelta e alongada tão próxima dos croquis da moda. No livro *Beauty Junkies,* o Dr. Kaczynski analisou a definição geral do ideal de beleza. Generalizou a partir da mentalidade humana e disse que as pessoas sexy, poderosas e inteligentes têm, na sua maioria, uma figura magra; enquanto as pessoas preguiçosas e fracas são, na sua maioria, gordas. (Kuczynski 2006, pg 174) No entanto, esta teoria baseia-se apenas na mentalidade contemporânea e ocidentalizada. O facto de muitas modelos e actrizes serem tão magras faz com que as pessoas pensem que os seus corpos emaciados são normais. A investigadora da imagem corporal Sarah Murnen, professora de psicologia no Kenyon College

[2] Alex Kaczynski, Beauty Junkies, (NY: Doubleday, 2006), pág. 107.

em Gambier, afirma que esta mentalidade promovida pelos meios de comunicação social criou uma situação em que a maioria das mulheres não gosta do seu corpo. (Nanci 2006) O desfile de moda de Madrid em 2006 proibiu modelos demasiado magras. Pretendiam projetar uma imagem de beleza e saúde na indústria da moda. Os meios de comunicação social têm feito uma lavagem cerebral na sociedade e promovem a mensagem de que ter um corpo magro é uma condição obrigatória para se ser belo, o que se tornou uma cultura destrutiva. A definição de uma beleza ideal está a mudar ao longo dos tempos e das sociedades. Em alternativa, se a tecnologia substituísse o papel de supermodelo, os humanos começariam a criar e a redefinir o que são atualmente os elementos de uma beleza. Mas quando os meios de comunicação social e a tecnologia se popularizarem, o negócio do cirurgião cosmético crescerá em paralelo. Os seres humanos não só optam por roupas de marca para melhorar a sua aparência, mas também por cirurgia plástica.

(Kirwan 2004, pg68) O ideal de beleza ou se tornará mais estereotipado e cada vez mais consistente ou passará para uma mentalidade selvagem e criativa de beleza. Como escreveu o Dr. Kirwan, um cirurgião plástico, no seu livro *Cutting Edge,* "Não veremos a gama de beleza que podemos ter visto no passado, e isso é bastante triste".[3] Mas com a ajuda da tecnologia, podemos criar e introduzir uma gama de beleza que tornará o futuro mais excitante do que o passado.

Os clientes estão sempre à procura do tipo "certo" de modelo para promover o seu produto. As modelos são julgadas pelo valor facial e pela perfeição do seu corpo. Como refere Rebecca Arnold, "a moda é antes uma forma de coerção sedutora e bela para acreditar no milagre da perfeição que aguarda os fiéis aos seus decretos". [4] Os modelos não mostram muito da sua personalidade numa imagem, estão a agir e a posar para o produto, não para si próprios. Os modelos são instrumentos de venda da empresa. Michael Gross, no seu livro *The Ugly Business of Beautiful Women (O negócio feio das mulheres bonitas*), descreve o lado oculto da indústria de modelos. Jean Shrimpton disse: "Ser modelo é um negócio arriscado e transitório". (Kcyznski 2006, pg 106) As modelos estão sempre a fazer um desfile, porque estão rodeadas pelas mulheres mais bonitas do mundo e vêem todas as

---

[3] Laurence Kirwan M.D.F.R.C.S, Cutting Edge, (Londres: Artnik, 2004), pg 70.
[4] Bradley Quinn, Techno Fashion, (Nova Iorque: Berg, 2002), pp33.

imperfeições das suas próprias, mas nenhuma das outras. Por outro lado, a personagem CGI é uma "supermodelo" digital que não se sentiria mal no trabalho. Darão o seu melhor, desde que sejam bem orientadas por humanos. Só são tão bons como a pessoa que os programa. As pessoas aborrecem-se quando olham para a mesma cara nos meios de comunicação social. Querem uma cara nova para refrescar a indústria da moda. Se um dia o público e os meios de comunicação deixarem de olhar para as supermodelos, elas tornar-se-ão apenas um rosto de papel e nada mais restará no palco.

Um dos exemplos de como, no futuro, a cirurgia plástica será utilizada para fazer "afirmações corporais" pessoais, em vez de tentar criar a beleza perfeita. Em 1997, no livro *Mutilate* de Van Beirendonck, ele é transformado num réptil escamoso - um Walter transgénico.[5] Acredita que a cirurgia plástica irá melhorar uma forma de trabalho e será utilizada de forma criativa e aventureira no futuro. ORLAN, que foi convidada como académica em residência no Getty Research Institute, em Los Angeles, e desenvolve a sua atividade em fotografia, vídeo, escultura, instalação, performance, etc.[6] Lançou uma série de fotografias digitais em 1998, denominada

[5] Ibid.
[6] http://www.orlan.net/

SelfHybridization. Nesta série de trabalhos artísticos, utilizou o seu rosto, que tinha sido modificado por cirurgia, combinado com os valores estéticos de diferentes culturas para mostrar os diferentes padrões de beleza ao longo da história. Estas "declarações corporais" pessoais tornar-se-ão uma tendência de moda futura e substituirão a arte corporal tradicional no futuro. O trabalho de David Hanson gira em torno da questão "O que é que significa ser humano?". Hanson concebeu uma "pele" de polímero, com patente pendente, chamada Frubber, que se move da mesma forma que a pele real se move num rosto humano. Hanson acredita que não está longe o dia em que *robots* convincentes com aspectos de aparência e inteligência humanas poderão ser criados. (Bloemink 2006, pg 100) O avanço da tecnologia levará o futuro da moda a mudanças extremas e a beleza perfeita do passado, que os meios de comunicação social promovem, reaparecerá no futuro.

Em abril de 2002, Tatsuya Matsui criou o seu próprio robô humanoide chamado "Posy" para a sua fragrância Cherry Blossom, para substituir uma supermodelo no centro de uma campanha publicitária de perfume. O "Posy" ajudou Matsui a ganhar 30.000 dólares em vendas no primeiro dia de promoção.[7] Esta produção dupla ou tripla foi considerada um sucesso instantâneo e fez com que as pessoas se questionassem e repensassem o papel da supermodelo. Isto mostra que o robot humanoide tem potencial para realizar tarefas ao nível do ser humano, ou mesmo melhores. A curiosidade e a curiosidade da natureza humana verificaram-se no caso Matsui. Os seres humanos despertam interesse devido às novidades e à estranheza. O sector da moda tem a responsabilidade de manter a curiosidade do ser humano e tornar a indústria da moda mais excitante.

A forma avançada de fotografia - A holografia foi inventada em 1947 por Dennis Gabor. Recebeu o Prémio Nobel da Física em 1971.[8] Salvador Dali foi o primeiro a utilizar a holografia artisticamente. A holografia é uma espécie de surrealismo da última década porque contém elementos surpreendentes e inesperadamente justapostos. Também cria um aspeto futurista. No inovador filme de ficção científica *Tron*, de Steven Lisberger, de 1982, protagonizado por Jeff Bridges, as projecções de vestuário do futuro assumiram a forma de fatos eléctricos brilhantes para criar um mundo dentro do computador. Tron é o primeiro filme de um grande estúdio a utilizar

[7] http://www.pcworld.com/article/id,92143-page,1-c,artificialintelligence/article.html

extensivamente a computação gráfica. Em 1987, Tron foi eleito o melhor filme com computação gráfica pela estação de rádio francesa TopFM no seu concurso anual de cinema. O filme manteve o título durante dez anos, até à estreia de Titanic em 1997. O vestuário do futuro usado pelo ator e pela atriz no filme prevê e antecipa a moda do futuro.

O desenvolvimento da inteligência artificial (IA) e da nanotecnologia permitirá conceber mundos "irreais" que se assemelharão a coisas "reais". Hunter Hoffman, diretor do Centro de Investigação em Realidade Virtual da Universidade de Washington, e[8] os seus colegas da Universidade de Washington conseguiram-no com um "jogo" tridimensional de realidade virtual chamado *SnowWorld.* (Bloemink 2006: pg 108) Este programa atrai as vítimas de queimaduras feridas para um ambiente virtual. Quanto mais o doente se sentir no *SnowWorld,* maior será a redução da dor. Hoffman e os seus colegas encontraram uma redução de 50-90% na atividade cerebral relacionada com a dor em todas as cinco regiões do cérebro afectadas pela dor quando testaram *o SnowWorld.* Hoffman observa: "À medida que a

[8] http://nobelprize.org/nobel prizes/physics/laureates/1971/gabor-autobio.html

tecnologia continua a avançar, podemos esperar mais aplicações notáveis utilizando a RV nos próximos anos".[9] Estamos mais preocupados com o desenvolvimento do software que ajuda a elevar as capacidades do nível humano do que com a humanidade ou a vida em si. Quer seja real ou virtual, isso já não será um problema no futuro. Prevemos que a trans-humanidade e a moda sejam afectadas de outra forma.

[9] Barbara Bloemink, Brooke Hodge, Ellen Lupton e Matilda Mcquaid, Design Life Now-National Design Triennial 2006, (Los Angeles: Smithsonian, 2006), pág. 108.

CAPÍTULO 3

A NOVA FORMA DE DESFILE DE MODA

Longe das passerelles, os cientistas que trabalham na intersecção da ciência, da engenharia eletrotécnica, da química e da biotecnologia estão a conceber os alicerces do mundo *da alta-costura tecnológica* do futuro.(Lee 2005, pg17) Nos anos 70, a Lei de Moore, que tem o nome do patrão da Intel, afirma que o poder de processamento dos computadores duplicará a cada 18-24 meses. (Smith 2004: pg 16) Se as máquinas forem autorizadas a decidir tudo, é possível que o poder de processamento da tecnologia atinja níveis ou substitua a capacidade e a capacidade do cérebro humano nos próximos 30 anos. O ser humano pode perder o poder de controlo ou ser controlado. É assustador, se dificilmente conseguirmos distinguir o mundo "real" do "irreal". Mas não há dúvida de que, no futuro, a perfeição tecnológica estará indissociavelmente ligada à moda.

Os designers têxteis já não precisam de criar formas fluidas e esculpidas com tear e fio, mas podem fazê-lo utilizando o rato, o ecrã, o scanner e uma série de pacotes de software. Por exemplo, a designer têxtil digital Jane Harris, que aplicou as suas competências e conhecimentos e desenvolveu uma nova técnica para criar movimentos realistas em têxteis para cinema e vídeo. (Press 2003:pg3) Da mesma forma, o processo de fabrico de vestuário na indústria da moda assenta sobretudo na tecnologia e na maquinaria. Antes do desenvolvimento da tecnologia no fabrico, as marcas eram planeadas através de moldes em tamanho real; os operadores tinham de estender o tecido à mão; os cortadores tinham de cortar o molde à mão. Este processo exige uma perícia e um tempo consideráveis para atingir a precisão. Mas agora, temos o sistema para o desenvolvimento de moldes, classificação, planeamento de marcadores e plotagem de marcadores. Sistemas LECTRA (temos a máquina de viagem) para estender e deitar o tecido. Temos diferentes máquinas de corte (faca reta, faca redonda, faca de banda, entalhador a quente, brocas e marcadores de linha, corte por matriz, corte a laser, corte por plasma, corte por jato de água e corte por ultra-sons) para melhorar a eficiência e a precisão no processo de fabrico de vestuário; entretanto, ajuda a reduzir o custo e o desperdício dos materiais. O desenvolvimento do sistema de operação de prensagem está a substituir lentamente o processo de prensagem manual. Além disso, a fase de costura, que é considerada o processo mais demorado, também foi desenvolvida e reprogramada num sistema robótico. (Carr 1998, pg32) Para além disso, o Departamento de Fisiologia do Vestuário do EMPA (Instituto Federal Suíço de Teste e Investigação de Materiais) em St. Gallen desenvolveu o Robot SAM (Sweat Articulated Manikin) para sentir o calor armazenado pelo vestuário e testar os seus materiais. (Buurman 2005: pg 249) A indústria da moda tem sido maioritariamente operada num mundo digital. Assim sendo, porque é que a última etapa do processo não pode ser apresentada através da tecnologia?

Vender mercadorias aos consumidores a todos os níveis de marketing, desde as pessoas que trabalham na indústria (designers, fabricantes e retalhistas) até às pessoas que se preocupam com a moda, é uma das razões para organizar um desfile de moda. À medida que a tecnologia continua a evoluir, haverá um potencial para levar a apresentação da moda numa nova direção. A revolução tecnológica não só está a mudar o mundo da moda, como também está a transformar o corpo da moda. "A simbiose crescente entre o corpo e a máquina estende-se agora para além dos heróis da ficção científica, trazendo consigo uma nova consciência corporal .[10]

Na última década, Walter Van Beirendonck, Helmut Lang, Jeff Griffin, Victoria's Secret e Viktor & Rolf abandonaram o tradicional desfile de moda e apresentaram as suas colecções em CD-ROM ou no ciberespaço. Esta apresentação é criativa, mas perdeu o contacto humano e a atmosfera de "ao vivo". Os estilistas estão novamente a procurar um novo tipo de alternativas aos métodos tradicionais de apresentação de moda.

O Chicago Trade Show, em 1971, é o primeiro espetáculo "mixed media" que filmou cenas do desfile. (Diehl 1998: pg137) Na década de 1960, o filme e os diapositivos começaram a ser amplamente utilizados para dar um maior impacto ao desfile de moda. Os retalhistas descobriram que um grande desfile podia ser gravado e exibido na boutique para promover uma nova tendência da estação. Isto torna-se um investimento eficaz.

Na primavera/verão de 2001, em Londres, a Grey Area apresentou uma forma inovadora e pioneira de fazer progredir a moda. (Quinn 2002: pg92)

Os fundadores, Julian Roberts e Russell Sage, utilizaram uma apresentação mista e colaboraram com filmes e outros meios de comunicação. O público vê moda, vídeo, música e arte ao mesmo tempo. Na sua maioria, a sua expressão da moda ia para além das próprias roupas. Além disso, a Grey Area estava a alterar a gramática visual da moda para a imprensa.

Depois, a moda começou a cruzar-se com a animação. Por exemplo, mais recentemente, Miuccia Prada foi atraída para colaborar com o inovador realizador de ação John Woo em 2007. Prada transformou o seu caso de amor com os processos tecnológicos num mercado virtual totalmente novo. No filme *Appleseed: Ex Machina,* a Sra. Prada desenhou duas roupas para a personagem CGI, Deunan, num look feminino idealizado contra um masculino violento, literalmente, as roupas mais hi-tech de sempre. (Lock 2007: pg 24) É uma progressão para entrar num mercado virtual totalmente novo. A Prada estava a ultrapassar os limites ao apresentar a sua moda em humanos e ciborgues, onde a moda é auxiliada pela tecnologia. Esta apresentação introduz um maior "contacto humano". Os espectadores apercebem-se do movimento devido a um efeito psicológico chamado movimento beta. Tem uma história. O estilista desenhou para a personagem específica.

As roupas precisam de ser tocadas e sentidas, e isso requer um fator humano. Por razões contraditórias, o público, os compradores e os meios de comunicação social só podem tocar e sentir a peça de vestuário na sala de desfiles, mas não na passerelle, quando as modelos estão a desfilar. Por conseguinte, a tecnologia CGI ajuda a cena da moda de uma forma económica, dramática e emocionante.

A avançada tecnologia CGI foi introduzida pelo desfile de moda primavera/verão 2008 da Diesel "Liquid Space", em Florença. Os hologramas animados eram inteiramente visíveis de ambos os lados dos palcos e as personagens CGI apareciam em pleno ar e interagiam com modelos humanos normais. "A Diesel utilizou folhas de plástico colocadas em ângulos de 45 graus, de modo a que a luz projectada do teto incidisse numa folha, fosse reflectida noutra e depois no ar".[10] Esta configuração é a

---

[10] Bradley Quinn, Techno Fashion, (Nova Iorque: Berg, 2002), pp33.
[10] http://www.creativereview.co.uk/crblog/underwater-magic/ (outubro de 2007).

primeira utilizada no mundo que permite ao público ver de ambos os lados do palco, em vez de apenas de um lado no passado. Isto aproxima o público da realidade. O maior sucesso dos Diesel é o facto de pensarem a nível internacional e verem o mundo como uma macrocultura única e sem fronteiras. (Ted 1998, pg20) Por outro lado, no último desfile de moda pronto-a-vestir outono 2008 em Paris, a 27th Fev, o modernista de alta tecnologia, Hussein Chalayan, fez com que as suas modelos se desmanchassem em sorrisos. (Mower, 2008) No último desfile de Chalayan, as modelos deixaram de ser um cabide e passaram a ter a sua personalidade e a interagir com a câmara e o público. Todos os modelos mostram um rosto sorridente na passerelle. Estão vivas. A imprensa considerou este facto como "algo espantoso". É muito difícil que o público e os meios de comunicação social possam ver uma modelo a sorrir na passerelle. No passado, os modelos eram mais robóticos do que humanos. Hussein Chalayan trouxe de volta a humanidade dos modelos. A personagem CGI no Diesel "Liquid Space" esforçou-se por tornar o ciborgue tão próximo do ser humano. "Eles até interagem com modelos humanos normais para que o público sinta que "são humanos". Será que todos estes génios da alta tecnologia têm a noção de que o poder da tecnologia vai perder a humanidade e que têm a responsabilidade de a manter?

A transferência rápida e eficiente de informações no século XXI tornou-se essencial para a maioria das empresas. Na proposta de Sohail Inayatullah (Presidente da Organização das Nações Unidas para a Educação, a Ciência e a Cultura da Universidade de Trier), foram registados os potenciais cenários futuros. Um dos potenciais cenários futuros na sua proposta é o cenário globalista, que é uma estrutura de quebra de todas as barreiras nacionais e religiosas e o fim da nossa história feudal. (Smith 2004: pg 11) Esta tecnologia inovadora pode transcender as fronteiras do tempo e do espaço e ultrapassar o problema da distância geográfica. As casas de moda apresentarão as suas colecções em todas as grandes cidades ao mesmo tempo. A moda não é apenas importante; torna-se a nossa mensagem para o universo. No futuro, não haverá capitais da moda. A moda está disponível para um público mais vasto e as pessoas manter-se-ão em contacto e terão um acesso mais rápido a todas as tendências da estação. Com esta ideia, podemos começar a prever um futuro em que as casas de moda poderão apresentar mais do que um desfile no mesmo local. Não haverá limitações. Isto torna uma coleção disponível para mais espectadores do que alguma vez poderia ser acomodado num desfile de moda. Os desfiles de moda não são apenas para uma minoria de elite e são mais fáceis de entender para uma pessoa comum. As pessoas estarão mais conscientes da moda nesse momento. Quando a moda for globalizada e popularizada, o mercado da indústria da moda tornar-se-á definitivamente mais forte e maior. Isto promove uma nova forma de interpretar a moda. Os ciborgues proporcionam uma plataforma para a apresentação de projectos de design experimental ou tangenciais que os designers não podem explorar num desfile ao vivo. Esta tecnologia avançada irá melhorar a experiência de assistir a um desfile de moda. Em primeiro lugar, os desfiles de moda não serão apresentados apenas em terra. As personagens CGI podem voar em pleno ar ou flutuar no mar. Em segundo lugar, o modelo cibernético pode ter uma reação dramática que ultrapassa a visão do público. Em terceiro lugar, no futuro, haverá infinitos ângulos a partir dos quais se poderá ver a peça de vestuário, os pormenores da peça de vestuário e até os acabamentos da peça de vestuário na passerelle. Isto promove uma compreensão perfeita do vestuário para os compradores, editores de revistas e pessoas preocupadas com a moda, em vez de um desfile de moda rápido em que as pessoas apenas podem vislumbrar a coleção. As pessoas deixariam de estar interessadas em ver a coisa "real". Quem é que quereria voltar ao mundo real quando o mundo da fantasia é tão acolhedor?

Demasiadas vezes, os desfiles de moda apresentam vestuário adequado às modelos ou aos organizadores dos desfiles, mas não ao público. Com a ajuda da tecnologia, a personagem CGI pode aparecer em diferentes tamanhos, alturas e pesos para mostrar uma roupa. Isto permite promover eficazmente a imagem do vestuário junto do público de uma forma credível. O público pode facilmente visualizar o seu aspeto vestindo os mais recentes desenvolvimentos do mundo da moda. A perfeição seria alcançável. Não veremos supermodelos a cair na passerelle com plataformas de 30 cm no desfile de moda.

Citando Aaron e Hans, "Não é o facto de ser 'diferente' que é importante; é o facto de 'poder ser diferente' que é importante."[11] Como a "singularidade" tecnológica, as tendências do ciborgue e da moda convergirão simultaneamente para estimular mudanças espectaculares.

[11] Aaron Smith & Hans Westerbeek, The Sport Business Future, (NY: Palgrave Macmillan, 2004), pg xiii

CAPÍTULO 4

ECONOMIA DE MERCADO DA MODA

O preço dos produtos digitais tem vindo sempre a baixar desde a sua popularização. O preço dos telemóveis, quando foram lançados nos anos 80, com uma enorme bateria e uma longa antena externa, agora são até lançados gratuitamente no pacote de promoção da empresa de telecomunicações.

Como um ser humano, quando a modelo se torna famosa, o preço que ela pode pagar aumenta rapidamente. O poder de ganho da modelo, de 25 dólares por dia na década de 1940, aumentou para 5.000 dólares por dia na década de 1970 e para 15.000 a 25.000 dólares por dia na década de 1990. Atualmente, as supermodelos ganham entre 500.000 e 2,5 milhões de dólares por ano. Este é o custo da supermodelo para a empresa contratada. A agência de modelos é quem controla o potencial de ganhos da sua modelo contratada. Por vezes, as pessoas perguntam-se se essas supermodelos valem assim tanto? Por outro lado, a tecnologia está em constante evolução e adaptação pelos cientistas todos os dias. É um desenvolvimento e um desafio ao longo da história. O preço da tecnologia desce quando é ultrapassada por uma nova tecnologia. Este facto, por sua vez, permitirá que sejam cobrados preços mais baixos aos clientes. O cliente sairá beneficiado.

A marca é tão importante para uma empresa como a inovação. Em conjunto, o design e a inovação são, de facto, os motores de qualquer empresa de sucesso. O famoso slogan da L'Oreal mudou de "Porque eu valho a pena" para "Porque tu vales a pena". A nova onda de mudança das estratégias empresariais elogia e dá crédito aos seus clientes em vez de modelos. "O pensamento original por detrás do branding era pegar numa mercadoria e dotá-la de caraterísticas especiais através de uma apresentação imaginativa."[12] A L'Oreal promoveu uma imagem mais amigável para o público em comparação com a imagem demasiado orientada para o dinheiro nos anos 90. Cada marca precisa de uma ideia criativa forte para lhe dar vida através da identidade visual e verbal. Este processo criativo necessita não só de inovação e imaginação, mas também de coragem e convicção para o levar a cabo.

No futuro, as casas de moda poderão desenvolver o seu próprio modelo

[12] Mike Press & Rachel Cooper, The Design Experience-the Role of Design & Designers in the Twenty- First Century, (Inglaterra: Ashgate,2003), pg48.

cibernético de casa. O cliente receberá uma mensagem direta ao reconhecer o modelo cibernético da sua própria casa. Isto criará uma imagem e uma identidade fortes para uma marca de moda. O principal fator na construção de uma marca e o papel do design e dos designers é fundamental para o seu sucesso é a criação de uma imagem. A identidade da marca é um repensar da forma como a empresa faz negócios. A alteração dos padrões de trabalho já determina que nos vejamos cada vez mais como "empresas individuais". (Press 2003: pg 199) No entanto, a introdução e o calendário destas mudanças dependerão do ritmo do progresso tecnológico e da vontade das pessoas de as aceitarem. No livro - *The Design experience,* os autores Press e Cooper citam Jeffrey Senn, tecnólogo-chefe do Maya Design Group, "Criar a tecnologia bruta é o objetivo dos engenheiros. O mercado responderá à questão de saber se ela é necessária ou não". (Press 2003, pg 196) Mas um designer italiano, Ettore Sottsass, tem uma opinião diferente e diz que "quando se fala do mercado, não se trata tanto de saber se as batatas são boas, mas sim de saber se se é bom a vender batatas." (Press, 2003, pg 197) Historicamente, "o mercado" agarra-se ao sistema tradicional e ao sistema de formas antigas que lhe parece confortável e ignora muitas necessidades reais e a sustentabilidade a longo prazo. Se o ciborgue contribui para o crescimento da indústria da moda, o designer tem a responsabilidade de o utilizar e de o promover junto dos meios de comunicação social e do público, antes que o supermodelo tenha o poder total de controlar a indústria da moda no futuro.

CONCLUSÃO

No futuro, a famosa frase de Linda Evangelista, "Não nos levantaríamos da cama por menos de 10.000 dólares por dia", não existirá. No mundo contemporâneo, os designers de moda começarão a ignorar as regras e as tradições e a inventar um novo futuro. Num artigo intitulado "Why the future doesn't need us", o cofundador e cientista-chefe da Microsystems, Bill Joy, previu o poder e o perigo criados pela tecnologia do futuro. Como Buurman sublinhou no seu livro *Total Interaction-Theory and practice of a new paradigm for the design disciplines*, "a transferência é, portanto, um processo de movimento entre dois contextos, que pode incluir transformação".[13] O supermodelo do futuro - o ciborgue - será assim transferido para um pacote totalmente novo. A Sony PlayStation 2 já prenuncia a deslocação das nossas ideias convencionais de espaço e socialização nesta "irrealidade" que, paradoxalmente, se tornará a nossa nova realidade. (Smith 2004: pg2) A tecnologia tem o potencial de afastar as pessoas do contacto humano direto. O rápido desenvolvimento da tecnologia continuará a afetar o crescimento do negócio da moda.

[13] Gerhard M. Buurman, Total Interaction-Theory and practice of a new paradigm for the design disciplines, (Alemanha: Birkhauser, 2005), pg 96.

Atualmente, os designers são os criadores do futuro. O designer crescerá com a revolução da engenharia e do desenvolvimento tecnológico. Os futuristas são pessoas que especulam sobre o futuro e se enganam. Não podemos dizer se é possível, mas fala-nos de algo novo. "Se se vai tornar real, temos de esperar. [14] Como Suwan Kongkhunthian, diretor de design da Yothaka International Co. Ltd. No entanto, o pensamento futurista é uma capacidade de prospeção que pode criar o futuro em visão. O principal fator que contribui para o sucesso contínuo de qualquer empresa é a inovação. A maior parte do mundo está envolvida num processo constante de mudança e renovação. A "inovação tecnológica industrial" consiste em mudar, alterar e renovar. (Press 2003: pg40)

Os tecnólogos esperam que os sistemas informáticos de alta tecnologia façam brevemente parte da nova vida de todos, a fim de criar vestuário inteligente e comunicar ideias. O mundo, tal como o entendemos, é sempre um modo de vida que termina e um novo modo de vida que começa. Forma uma circulação do fim e do princípio. Faz parte da ordem natural. Agora, estamos perante um novo começo, que tem o potencial de nos dominar e de

[14] Ken Koo, Red Dot Design Concept Yearbook 2006/2007, (Singapura: Red Dot Singapore Pte Ltd, 2006), p. 216.

tornar o negócio da moda mais forte. Quando o modelo cibernético surgir, o mundo da moda mudará irrevogavelmente. Esta perfeição tecnológica fará com que a moda desempenhe um papel na relação com o mundo cibernético. Aaron Smith e Hans Westerbeek defenderam o termo "singularidade", que representa o infinito na matemática e a versão física do infinito inimaginável na ficção científica. (Smith 2004: pg20) Muitos dos defensores do conceito de "singularidade" tecnológica incluem Damien Broderick, que designa a singularidade como Spike, e propôs que a IA (Inteligência Artificial) é uma espécie de buraco negro do futuro (Broderick 2002: pg3); um dos líderes mundiais no desenvolvimento da IA, Ray Kurzweil, implica a imortalidade, a engenharia genética, a nanotecnologia e a inteligência artificial que excedem largamente as capacidades humanas.

Como Pinker observou, "a única previsão dos futurologistas que é indubitavelmente correta é que, no futuro, os futurologistas de hoje parecerão tolos".[15] Felizmente, a longo prazo, a tecnologia virá em auxílio da sociedade e do mundo. Com o arranque e as possibilidades que a tecnologia oferece no mercado, a moda pode nunca mais voltar a olhar para trás!

---

[15] Steven Pinker, How the Mind Works, (Londres: Penguin Books, 1999), pág. 83.

Em conclusão, o futuro da moda será mais inteligente. As evidências apresentadas neste ensaio provaram que a morte da supermodelo é uma possibilidade no futuro. No entanto, em 2018, a criação do ciborgue ainda se baseia no rosto e no corpo da supermodelo, tal como o holograma de Kate Moss no desfile de moda de Alexander McQueen para o outono de 2006. No entanto, num futuro a longo prazo, quando as casas de moda sentirem o impacto e os benefícios que o ciborgue proporciona à indústria da moda, começarão a criar o seu próprio ciborgue. As ideias utópicas da moda despertarão o mundo inteiro. A indústria da moda tornar-se-á definitivamente mais forte e maior quando o ciborgue substituir o papel da supermodelo.

BIBLIOGRAFIA

LIVROS

- Bloemink Barbara, Brooke Hodge, Ellen Lupton e Matilda Mcquaid. *Design Life Now - Trienal Nacional de Design 2006:* Los Angeles: Smithsonian, 2006.

- Bruzzi Stella & Pamela Church Gibson. *Fashion Cultures- Theories, explorations and analysis:* Londres e Nova Iorque: Routledge, 2000.

- Broderick D. *The Spike: How Our Lives are Being Transformed by Rapidly Advancing Technologies [Como as nossas vidas estão a ser transformadas pelo rápido avanço das tecnologias]:* Nova Iorque: St Martin's Press, 2002.

- Buurman Gerhard M. *Total Interaction-Theory and Practice of a New Paradigm for the Design Disciplines (Interação Total - Teoria e Prática de um Novo Paradigma para as Disciplinas do Design):* Alemanha: Birkhauser, 2005.

- Carr Harold e Barbara Latham. *The Technology of Clothing Manufacture:* Londres: Blackwell Scientific Publications, 1998.

- Clifton Rita. *Brands and Branding:* New Jersey: Bloomberg Press, 2003.

- Clayton Martin. *Leonardo da Vinci - Uma visão curiosa*: Londres: Merrell Holberton publishers, 1996.

- Craik Jennifer. *The Face of Fashion- cultural studies in fashion*: Londres e Nova Iorque: Routledge, 1994.

- Diehl Mary Ellen. *How to Produce a Fashion Show:* Nova Iorque: Fairchild Publication, 1998.

- Everett Judith C. e Kristen K. Swanson. *Guide to Producing a Fashion Show [Guia para produzir um desfile de moda]:* Nova Iorque: Fairchild Publications, 1993.

- Gross Michael. *The Ugly Business of Beautiful Women (modelo):* Londres: Transworld Publishers Ltd, 1995.

- Jones Mary Trigwell. *How to Pass Business Practice:* Londres: LCCI CET, 1999.

- Kaczynski Alex. *Beauty Junkies:* Nova Iorque: Doubleday, 2006.
- Kirwan Laurence M.D.F.R.C.S. *Cutting Edge:* Londres: Artnik, 2004.
- Koo Ken. *Red Dot Design Concept Yearbook 2006/2007:* Singapura: Red Dot Singapore Pte Ltd, 2006.
- Lee Suzanne. *Fashioning the future-tomorrow's wardrobe:* Reino Unido: Thames & Hudson, 2005.
- Bloquear Isaac. TANK (vol5, issuel): Londres, 2007.
- Morris Sandra. *CATWALK- Inside the World of the Supermodels:* Londres: Weidenfeld & Nicolson London, 1996.
- Steven Pinker. *How the Mind Works:* Londres: Penguins Books, 1999.
- Polhemus Ted. *Diesel-World Wide Wear:* London: Thames & Hudson Ltd, 1998.
- Imprensa Mike & Rachel Cooper. *The Design Experience-The Role of Design & Designers in the Twenty First Century [A Experiência do Design-O Papel do Design e dos Designers no Século XXI]:* Inglaterra: Ashagate, 2003.
- Riegelman Nancy. *9HEADS-a guide to drawing fashion:* EUA: Art Center College of Design, 2000.
- Smith Aaron & Hans Westerbeek. *The Sport Business Future:* NY: Palgrave Macmillan, 2004.
- Simon Bernard E. Dress *and Identity - Body Image & Plastic Surgery:* EUA: Fairchild, 1995.
- Quick Harriet. *A History of the Fashion Model-Cat walking:* Londres: Octopus Publishing Group Limited, 1997.
- Quinn Bradley. *Techno Fashion:* Nova Iorque: Berg, 2002.
- Wilson Elizabeth. Teoria da Moda: The Journal of Dress, Body & Culture, Volume 11: Nota sobre o Glamour: Nota sobre o Glamour: Nova Iorque: Berg, 2007.

INTERNET

- http://www.creativereview.co.uk/crblog/underwater-magic/ (20 de outubro de 2007).
- http://www.coolhunting.com/archives/2007/06/holographic_die .php (20 de outubro de 2007).
- http://www.style.com/fashionshows/collections/F2006RTW/rev iew/AMCQUEEN (20 de outubro de 2007).
- www.showstudion.com (20 de outubro de 2007).
- http://www.pcworld.com/article/id,92143-page,1- (20 de outubro de 2007).
- c,artificialintelligence/article.html (20 de outubro de 2007).
- http://www.exmachina.jp/ (04 de janeiro de 2008).
- http://www.wired.com/wired/archive/8.04/joy.html (24 de fevereiro de 2008).
- http://www.style.com/fashionshows/collections/F2008RTW/rev iew/HCHALAYA (1 de março de 2008).
- http://nobelprize.org/nobel prizes/physics/laureates/1971/gabor - autobio.html (1 de março de 2008).
- Nanci Hellmich, *Do thin models warp girl's body image?* http://www.usatoday.com/news/health/2006-09-25-thin- models_x.htm (12 março de 2008).
- http://www.orlan.net/ (12 de março de 2008).

Printed by Books on Demand GmbH, Norderstedt / Germany